Mitti yulduzlar

Raximbayeva Madina

© Raximbayeva Madina
Mitti yulduzlar
by: Raximbayeva Madina
Edition: February '2025
Publisher:
Taemeer Publications LLC (Michigan, USA / Hyderabad, India)

© **Raximbayeva Madina**

Book	:	**Mitti yulduzlar**
Author	:	Raximbayeva Madina
Publisher:	:	Taemeer Publications
Year	:	'2025
Pages	:	66
Title Design	:	*Taemeer Web Design*

Urganch davlat Pedagogika instituti Pedagogika fakulteti Pedagogika yo'nalishi 221-guruh talabasi Raximbayeva Madina Xorazm viloyati Yangibozor tumani Ming Bog'olon qishlog'ida 2001-yil 4-fevralda tug'ilgan. Institutda o'tkazilgan tadbirlarda faol qatnashadi."Magistr loyihasi "muallifi, maqolalari xalqaro jurnal va konferensiyalarda chiqqan. She'r va hikoyalar ham yozadi.

Aforizmlar

O'zimiz ulg'aysakda, ruhimiz, hanuz bolalardek beg'ubor.

* * *

Hayot turli xil ranglardan iborat. Qaysi rangni ko'rishni xohlasang o'sha rangda aks etadi.

* * *

Inson 3 narsaga hech qachon to'ymaydi. Bular: mehr, orzu, ehtiyoj.

* * *

O'z qadrini bilmagan inson, o'zgalar nazdida qadrsiz bo'ladi va yugurdakka aylanadi.

* * *

Kulishni kimdan o'rganding?

Hayotdan. Yig'lashni- chi? Insonlardan.

* * *

Insonlarda kam uchraydigan ajoyib xislat bu - farosatdir.

* * *

Hayot baland - pastliklardan iborat. Ba'zida aldanasan, ba'zida esa aldanishga majbur bo'lasan.

* * *

Ko'rganlaring ko'ringanidek, bo'larmikan?

* * *

Ko'rganingga ishonasanmi? yo eshitganingga? Ko'rganlarim ko'ringanidek bo'lmasligi mumkin, eshitganlarim esa haqiqatdan yiroq bo'lishi mumkin. Shunday ekan, men faqat Allohimga va o'zimga ishonaman.

* * *

Hayot senga nimani o'rgatdi?

Yiqilsam turishni, charchasam tin olishni, manmanlik qilsam kamtar bo'lishni, muhtoj bo'lsam sabr qilishni, tushinmasam saboqlardan dars olishni, yig'lasam kulishni, insonlarni hurmat qilish, borida qadriga yetish, qadrlash va eshitishni, eng asosiysi esa, o'zimni anglashni o'rgatdi.

* * *

Allohim har bir bandasining rizqini to'kis qilib yaratgan. Shunday ekan, sizning faqat sizniki bo'lib qoladi. Uni hech kim o'ziniki qila olmaydi. Toki Allohim buni xohlamaguncha.

* * *

Talabalarga hech qachon mana shu 2ta narsangni berma. Ruchka va daftarni. Qaytarib ololmaysan.

* * *

Talabalarning eng sevimli taomi nima?! Hotlanch va hoddok.

* * *

Eng ko'p nimadan dars olding?
- Hayotdan.

* * *

Nega bunchalar noliysana odamzod?
- Ko'zlaring ko'rib turibdi, ilm olib kitob

o'qiyapsan, butun olam go'zalligidan bahramand bo'lyapsan.

- Oyoqlaring yuryapti. Xohlagan joyingga, o'qish, ish, qarindoshlar davrasiga bemalol o'z oyoqlaring bilan yurib boryapsan.
- Quloqlaring eshityapti. Dunyodagi eng yoqimli kuy allani, jamiki nabodot olami, tabiat ovozini eshityapsan, insonlar bilan diydorlashib, hol - ahvolini eshityapsan.
- Tiling gapiryapti?! Qanday tilda gapirishni o'rgansang, shunday tilda. Yaqinlaring bilan dildan suhbatlashyapsan, sen uchun qadrli ekanliklarini ayta olyapsan. Bundan ortiq baxt bormi? axir, ey odamzod. Uyg'on, ko'zingni och, mol- dunyoga berilma, ular o'tguvchi narsa. Sendan faqat yaxshiliklar qolsin! Nafsing botqog'idan o'zingni ozod qil va unga hech ham bo'ysunma.

* * *

Qalbida shukronasi bo'lgan inson, eng shirin

taomni tatib ko'rgan inson bilan teng.

* * *

"Sabrlilar oxirida niyatiga yetibdi" deganlari rost.

* * *

O'zini seva olmagan, qadrlamagan, o'ziga yaxshi narsalarni ravo ko'ra olmagan inson boshqalarni qanday qilib qadrlay olishi, sevishi, ardoqlay bilishi mumkin?

- Hech qanaqasiga.

* * *

Eng ko'p kimni sevasan?
- Allohimni!
- Ota - onamni!
- Hayotni!

* * *

Ko'ngilga bahor qachon keladi?

Qachonki, qalb poklanganda, gard - g'uborlardan forig' bo'lganda.

* * *

Kimgadir hasad qildingizmi? Demak, qalbingiz kirlashishni boshlabdi.

* * *

Sening hayotingda yuz berayotgan hodisalarga o'zing va atrofdagilar sababchidir.

* * *

She'rlar

Qiziqchilar nazdida,

San'atning noni qattiq,

Ammo, biling, aslida,

Hayotning noni qattiq.

Erishsang yutuqlarga,

Olqishlagan inson ko'p,

Yiqilsang, osmon qadar,

Qah-qah otgan inson ko'p.

Seni hech ko'rolmaslar,

Hasadsiz, yurolmaslar,

G'iybatdan tiyolmaslar,

O'qib, uqmas insonlar.

* * *

Nonday aziz bo'ling,
Nondayin serob,
Umringiz savobli
Amalga to'lsin

Baxtdan sarmast bo'ling,
Oilada totuv,
Mehr-muhabbatga
Limmo-lim bo'ling.

* * *

Arosat

Umid va umidsizlik,
O'rtasida bir ko'prik,
Qolib ketma, aroda
Jarlikka tushmay desang.

Hayollaring gohida
Seni ko'p, g'amnok qilar,
Gohi shodlik tuyganda,

Ko'zingdan yosh tirqirar.

Ba'zi payt o'zingni sen,
Tushunmayin qolasan,
Shu lahzada sen bilki,
Balki arosatdasan.

* * *

E'tibor

Ozgina mehringiz
Bering, ayolga
Unga hech, zeb-ziynat,
Kerakmas, biling!

Oddiy bir e'tibor,
Dunyolarcha baxt,
Berishin bilsangiz
Edi azizim!

Hashamat kerakmas,

Qasr kerakmas,
Halovat, saodat, mehr-muhabbat,
Mana shu, ayolga, yetadigan baxt!

* * *

Ilhomim parisi sizsiz doimo,
Lalblarda tabassum uyotganimsiz,
Himolay tog'idek, ishonch bag'ishlab,
Omadim tilagan qadrligimsiz
Men sizni Allohim uchun yaxshi ko'raman.

* * *

Qadrligim dadamga

Yo'g'ida sabrdan qanot yasagan,
Borida biz bilan, ahil yashagan,
O'qqami, cho'qqami, urib o'zini
Oila baxtini o'ylab yashagan.

Kechadan tonggacha mijja qoqmagan,
Aziz farzandiga shifo tilagan,
Bitta kulgusiga dunyolar atab,
Oila qo'rg'onin o'ylab yashagan.

Bu mening otamdir,
Bu mening onam,
Ikkisi jannatim,
Baxt-istiqbolim.

Qish fasli

Har faslning gashti bor,
Har faslning oroyi,
Menga esa doimo,
Yoqib kelgan qish fasli.

Qattiq sovuqligidanmas,
Tafti issiqligidan,
Juda yoqasan menga,
Qadrdonim qahraton!

Gohi oro berasan,
Derazalar toqiga,
Buni ko'rib men hayron,

Buncha chiroy, ey, qaydan?!

Seni hech sevmay bo'lmas,
Qadringga yetmay bo'lmas,
Soniyadek kunlaring,
Qadrdonim, qish fasli!

Ona

O'zin emas meni o'ylagan onam,
Tunlar bedor, uyqusidan kechgan onam,
Mehr to'la ko'zlarida yosh qalqib,
Bolam qachon kelar deya kutgan onam.

Yo'llarimda goho uchrab qolsa tikon,
To'g'ri yo'ldan yurgin deya aytgan onam,
Kimdir turtsa, turtkilasa sobit doim
Ko'zlarimning qarorida jonim onam.

Goh og'ritib, ko'nglingizga ozor berdim,

Gohi payti shodlik berdim, g'am berdim,
Ba'zi payti e'tiborni kam berdim,
Ko'nglingiz hech qolmadimi mendan onam?

Mehringizni cheki bormi mehribonim,
Maqsad qo'ysam intil doim deb aytganim,
Xatolarim tushintirib, koyiganim,
Jannatimsiz, istiqbolim, baxtim onam!

Kuz

Kuz- o'z nolasin ayta olmay
Ko'z yosh to'kkan ohu misol,
Kuz- izhor qilmay muhabbatin
Faryod chekkan Majnun misol,

So'nggi bora diydor istab
Qon yutungan Kumush misol,
O'z so'zini ayta olmay,
Yo'lga chiqqan cho'pon misol.

Aytsam ko'p arzigulik hikmatlaring bor,
Ayriliq damini totgan firoqlaring bor,
O'z davrida kulib hamda kuydirib,
Bir o'tguvchi g'am- u anduhlaring bor.

Oltin rang yaprog'ing kuydirar bag'rim,
Nola qilmasamda yondirar qalbim,
Firoqing o'tida kul qilar ta'nim
Sen mening yodimdan o'chmas kuzimsan!

Maqsad

G'alaba ta'mini totganda inson,
Mag'lubiyat neligin bilmaydi u on,
Harakat bo'lsa gar, insonda har on,
Topadi doimo o'zida imkon!

Alpinist cho'qqini zabt etsin har on,
Cho'qqi Alpinistni zabt etolmasin,

Vatanim bayrog'in hilpirat samo,
Yangrasin dunyoda o'zbegim navo.

Hikoyalar

Afsonadan olingan haqiqat

Insonlar ertakni hayotga, hayotni esa ertakka qiyoslashadi. Men esa bunga umuman qo'shilmayman. Aslida har bir insonning hayoti mangulikka teng. Bu bilan nima demoqchiman, inson hayotda yashar ekan, uning har bir bosgan izi, yurgan yo'li turli xil so'qmoqlardan iborat. Hayot shunday, ba'zida loy chaplanib yotgan insonlarga duch kelsang, ba'zida qaro tun bag'ridan yorib chiqayotgan insonlarga yuz tutasan. Qanchalar g'aroyib-a? Bu dunyoda yashasang-u kimligingni bilmay o'tib ketishdanda og'irroq bir hol bo'lmasa kerak. Ko'zingga ko'ringan har giyohni chiroyli deyaverish ham yaramaydi. O'zini bilib, o'zligiga tupurganlar qancha. Qon yutinib, tunlar bedor yig'laganlar qancha? Qadrli insonlarining umrini asrab qolish evaziga, oʻz jonidan kechganlar qancha?! Ona mehriga zor-zor, ichidan yigʻlab, tashqaridan sizga nim tabassum hadya etayotganlar qancha?! Nima uchun bularni bilib turib, hayotimizni ertak deyishimiz mumkin. Axir, axir bu tirik afsona-ku. Har bir soʻzlarida purma'no gaplar balqib turgan ona, gʻururi osmon qadar boʻlgan ota, koʻzlari yonib turgan talaba qizga ishonch qanchalar madad boʻlishini bilasizmi? Ha, men bilaman, siz bilmasangiz. Otasining bitta chiroyli gapidan ruhi osmonlarga parvoz qiladigan, otasining duosidan koʻzlari quvonib yoshga toʻladigan yosh talaba qizchani men bilaman. Nimaiki, yaxshilik boʻlsa ularga ravo koʻradi. Mehribon insonlari ularda, axir. Chunki u biladi, bu dunyoda unga eng yaqin doʻst 3ta. Bular: mehribon Allohim, ota-onasi va qalbi goʻzal kitoblari u uchun qadrli insonlardek, aziz va mukarram.

* * *

Qo'rg'onim

Sentabr, oktabr...

O'qishga tayyorlanmoqchi edim. Dadamga aytdim: "Dada men o'qishga kirish uchun Urganchda tayyorlanishim kerak" dedim. Dadam biroz jim turgach, mulohaza ila so'z boshladilar. Sen u dunyoning chetiga boraver, ustozing olim, professor bo'laversin, agar chin dildan ixlos bilan o'qimasang, olim tugul, odam ham bo'lolmaysan. Ya'ni bu bilan nima demoqchiman? O'zingda turtki, ishonch, harakat, o'qish bo'lmasa, boshqalar bergan ilmning bir tiyin foydasi yo'q, ishonaver, qizim!" dedilar. Men anglab yetdim, dadam to'g'ri aytgan ekanlar. O'qishga esa o'zimizning tumanda tayyorlana boshladim. Qarabsizki, imtiyoz asosida talabalikka tavsiya etildim. Bu barchasi dadamning menga o'rgatgan hikmatlari sabab. Dadajon, sizga katta rahmat. Boringizga shukur. Sizday insonning qizi ekanligimdan faxrlanaman. Siz mening qahramon dadajonimsiz!

* * *

Shunday ukalarim borligiga gohida o'zim ishonmay qolaman. Bittasi o'ntaga tatiydi. Aytgan bitta ishimni qilmasa, 10ta gap eshitadi. Shunday ukalarning boriga shukur.

Yo'lchi yulduzim-onam

Shoirlar nazarida, ularning asarlarida, she'rlarida ona mehri quyoshga qiyoslanadi. Aslida esa, onalarimizning mehr -muhabbati quyoshdan ham issiq va haroratli. Biz ularning mehrini nimagadir qiyoslashimiz noto'g'ri. Chunki, onalarimiz tengi yo'q tabarruk zot. Nima uchun biz bunchalar ona nomini ulug'laymiz? Ular bizni 9oy qornida ko'tarib, dunyoga keltirayotganda 300dan ortiq suyaklarning sinishiga teng og'riqni boshidan kechirar ekan. Sen menga Allohim kabi yaqinsan. Shuning uchun sen deb murojaat qilganimda ko'ngling og'rimasin. Sen qanchalar mushfiq, xokisor, o'zni o'ylamas, bolangning bir joni og'risa, ming joningni fido qilishga tayyorsana, ona. Poyingga dunyolar tiz cho'ksa ham kam. Mening borlig'im, hayotim, umrim mazmunisan. Ko'zingdan bir qatra yosh chiqsa jonim og'riydi, qalbim xastalanadi. Kechalari uyg'onib ketaman, qo'rqinch bir tushlar og'ushida... Shunda faqat sen menga dalda bo'lishingni eslayman, keyin issiq quchog'ingga kirib uxlab qolaman. Bizni yig'lab turgan paytda kuldira oladiganimiz ham sen, zafarlar tilab olg'a chorlovchimiz ham sen, yo'lingdan, maqsadingdan qaytma deb to'g'ri yo'lni ko'rsatuvchimiz ham sen. Seni qanday atay ona...

Mehr bulog'im, psixologim, motivatsiya ulashuvchim, har ne desam qo'llab - quvvatlovchimsan. Yoshligimizdan boshlab bizni bog'cha, maktablarga yetaklab bording. Biz o'qimadik, farzandlarimiz, qizimiz, o'g'limiz o'qisin deb kuyunding. Yangi ko'ylak olishga puling bo'lsa ham olib kiymading. Qizim o'qishga chiroyli forma kiyishi kerak, tengdoshlari orasida eng oldi qatorlarda turishi uchun harakat qilding. Buning evaziga bizdan nima olding, ona? Faqat ko'nglingni og'ritdik, xastalanib yotib qolsang e'tiborni kam qilib, o'zimiz bilan bo'lib qoldik. O'zgalar oldida seni haqorat qilib gapirsalar jim turdik, xuddi soqov misol. Sen esa, ona, bularga e'tibor bermasdan meni hamisha oldingga yurishimni xohlading. Muvaffaqiyatsizlikka uchrasam, qo'limdan tutib o'rnimdan turg'azding. Qizim, bu sen emassan, sen kuchli, irodali, chaqqon, shijoatkor mening qizimsan deya oldingga chorlading. Ona, sening duolaring haqqi 2022-yilda imtiyoz asosida talabalikka tavsiya etildim. O'qishga kirgach, mendan qanchalar faxrlanganingni ko'rib quvondim. Boshqalarga mendan faxrlanib aytayotgan so'zlaring bizga, sen tasavvur qila olmaydigan darajada shunchalar kuch berdiki, biz yana oldimizga yangi maqsadlarni amalga oshirishni ko'zladik. Onaginam, sen meni hamma vaqt qo'llab -quvvatlab muvaffaqiyatlarimga ishonding, tavakkal qilishdan qo'rqma deding. Meni zafarlarga erishishim uchun o'zingni o'qqacho'qqa urib hech ayamading. Biz esa bayram kuning oddiy gul ham sovg'a qilishga yaramabmiz. Lekin, shuni bilib qo'yki, men seni hammadan ko'p yaxshi ko'raman. Ba'zida bilibbilmay ko'nglingni xira qiladigan so'zlar aytgan bo'lsam, kechirgin ona. Bir hikoyani o'qib qoldim. Xuddi bizning hayotimizdan olingandek edi nazarimda. Ba'zilar qashshoq oila yoki faqir jamiyatda hayot kechiradi. Bunday sinovli vaziyatda ona farzandlariga kambag'allikni yengishga va qashshoqlikdan ham ustun turadigan boy qadriyatlar borligini o'rgatishi kerak bo'ladi. Ya'ni kambag'allikda yashayotgan farzandlar onaning go'zal tarbiyasi sabablarini aslo kambag'al deb bilmasligi lozim. Sizlarga so'zlab beradigan hikoyam, o'z qizini qizalog'im, sen boysan deb tarbiyalagan ona haqida bo'ladi. Ushbu hikoyani jajji qizaloq ulg'ayganida so'zlab bergan: "Yoshligimizda qashshoqlikda yashaganimizga qaramasdan, onam meni qizim biz boymiz deb katta qildilar. Kambag'al oilada yashashimizni kattaroq sinfga o'tganimda bilganman. Onam hamisha kiyimlarimni pokiza, ozoda qilib qo'yardi. Kechalari kiyimlarimni tikardi. Kiyimimda yamoqlar juda ko'p bo'lardi. Har kuni ertalab sochlarimni tarardi, oyoq kiyimlarimni ham tozalardi. Onamning g'amxo'rligi sabab men hech qachon o'zimni kambag'al oilaning farzandi deb hisoblamasdim. Kunlarning birida maktabdagi darslarim tugagandan so'ng, ikki sinfdoshim sen kambag'alsan deb, mazax qilishdi. Ularning aytgan so'zlari menga og'ir botdi. Qattiq xafa bo'ldim. Uyga yig'lab bordim. Uyimga yaxshilab razm soldim. Uyimiz juda eski va ta'mirtalab edi. Ko'p joylarini onam o'z qo'llari bilan ta'mirlab, bo'yab qo'ygandi. Muzlatgich ham bo'm-bo'sh. Onam maktabdan qaytgandan beri meni kuzatib turgan ekan. Muzlatgichda yeyishga yegulik ham yo'q edi. Stol ustida onam menga tayyorlab qo'ygan 3-4 bo'lak non ham 4-5 kunlik edi. Bu nimasi, nahotki men kambag'al ekanimizni bilmagan bo'lsam, biz haqiqatdan ham qashshoq ekanmiz. Onamning oyoqlariga yopishib olib, onajon biz kambag'almizmi, deb so'radim. Men o'zimcha, onam meni aldashga urinib, meni yupatsa kerak deb o'ylagandim. Ammo onam menga xotirjam qarab: "Kambag'al"? Biz kambag'al ekanmizmi? Yo'q, jonginam, biz aslo kambag'al emasmiz. Onam oshxonaning pardasini ko'tarib tinch o'tirgan ukalaring va singlingga qara. Ularning kulishini va mazza qilib o'ynashayotganini sog' -salomat ekanini ko'ryapsanmi? Bu narsa boshqalarning uyida yoʻq, dedida, yugurib borib qoʻlida bir surat olib kelib menga koʻrsatdi. Shu rasmni eslaysanmi? Yodingdami? Barchamiz bir dasturxon atrofida tushlik qilgandik. Stol ustidagi loviya va nonni koʻrayapsanmi? Rasmga chiroyli tabassum qilib tushgan ekanmiz. Keyin onam muzlatgichni ochib, ozgina boʻlsa ham yeyishga loviyamiz bor. Ayrimlarning uyida shu ham yoʻq. Ha, agar, qizalogʻim bizning pulimiz yoʻq, shuning uchun biz kambagʻalmiz demoqchi boʻlsang, toʻgʻri pulimiz kam boʻlishi mumkin. Ammo bizda boshqalarda yoʻq koʻp narsalarimiz bor. Ayrimlar biz kabi baxtli tabassum qila olmasligi mumkin. Biz baxtlimiz. Boshqalarning boyligi boʻlsa ham sogʻligi boʻlmasligi mumkin. Biz esa sogʻ-salomatmiz. Oʻzgalarning puli koʻp boʻlishi mumkin, lekin oila aʼzolari bir-biriga ahil boʻlmasligi va biz kabi bir-birini qattiq yaxshi koʻrmasligi mumkin. Shunday ekan, aslo havotir olma qizaloq. Biz haqiqatdan ham boymiz. Bizda juda ko'p boyliklar bor. Onam meni shu tariqa ko'nglimni ko'tarar, hayotda yengilmaslikka o'rgatardi. Onam hamisha qornimni to'yg'izish bilan birga, menga ruhiy ozuqa ham berardi. Dilbandlarimizga Alloh bizga juda ko'p ne'matlarni beminnat berganini o'rgataylik. Shunday ekan, haqiqatdan hayotda, baxt buboylikka borib taqalavermaydi. Yuqorida keltirib o'tgan hikoyamdan kelib chiqadigan xulosa shundan iboratki, biz hayotda har doim, yeyishga nonimiz, yashashga uyimiz, kiyishga kiymimiz bor deya bizga uqtirayotgan onalarimiz haqiqatdan ham bizga demak, mana shunday, kuch-quvvat bag'ishlab, bizni ma'naviy tomondan yuksak inson sifatida tarbiyalanishimiz uchun ko'mak beryaptimi, demak, biz, boymiz. Zero, ota va onasi bor insonlar dunyodagi eng boy insonlar ekanligini unutmaylik. Onalarimiz bizning muvaffaqiyat kalitimizdir.

Pedagogik faoliyatda so'zning o'rni

O'qituvchining pedagogik faoliyatida nutq qanchalar ahamiyatga ega? Bilmasangiz bilib oling. O'qituvchi hamisha dars jarayonida aktyor bo'ladi. U eshikning orqasida oila tashvishlari, bola-chaqa, boringki, sog'ligidagi muammolarni ham tashlab kiradi. Shunday pedagoglar bilan faxrlansa arziydi. Dars qiziqarli va sermazmun bo'lishi uchun pedagogning so'z boyligi chiroyli, notiqlikka alohida ahamiyat bergan bo'lishi lozim. Haqiqiy pedagog o'quvchilarining qalbiga shunday kirib boradiki, ular ustozni "Ikkinchi ona" deb atay boshlaydi. Buning asosiy sababi, pedagogning kasbiy mahorati va so'zlash madaniyatiga borib taqaladi. Bu borada u professional darajada bilim, ko'nikma va malakalarga ega bo'lgan bo'lishi kerak. Pedagog so'z orqali o'quvchi psixologiyasi, uni atrofidagi muhit, ta'lim-tarbiyasi ha alohida ahamiyat qaratishi joiz. Chunki, o'quvchini to'liq o'rganmay turib, uni tahlil qilib ko'rish qiyin.

Pedagogik faoliyat bilan shug'ullangan har bir pedagog notiqlik san'atini mohirona egallagan bo'lishi, o'quvchi diqqatini o'ziga jalb qila olishi va eng muhimi o'z kasbiga muhhabatli bo'lmog'i darkor. Xalqimiz "So'zdan so'zning farqi bor, o'ttiz ikki narxi bor" deb bejizga aytmagan. So'z har nimaga qodir. So'z bilan insonlar qalbiga malham bo'la olishimiz ham mumkin, ularning qalbini chilparchin qilib qo'yishimiz ham. Pedagog so'z bilan yuksak cho'qqilarni zabt etishi ham mumkin, yoki bu cho'qqidan qulashi. Pedagogning har bir xatti-harakati, gapirish madaniyati o'quvchiga ibrat. Ya'ni, pedagogning ishi o'quvchida ko'zgu bo'lib aks etadi. Pedagog mohir bo'lsa, uning o'quvchilari ham yetuk kadr bo'lib shakllanadi. Hozirgi davrda O'zbekistonda ta'lim sohasidagi yangiliklar ortib bormoqda. Shu jumladan, bu sohaga kreativlik, kompitensiya, kompitentlik kabi tushunchalar kirib kelmoqda. Zamonaviy pedagoglar esa o'quvchilar bilan ishlashda bu atamalarni qoʻllashmoqda va fanga nisbatan oʻquvchilarning qiziqishlari ortib bormoqda. Har bir sohaga mana shunday atama, tushunchalar kirib kelmoqda. Misol qilib olsak: Adabiyot fanini olaylik. Bu fanda soʻzning ahamiyati juda yuqori koʻrsatkichni tashkil qiladi. Axir, Abdulla Qahhor ham bejizga, "Adabiyot atomdan kuchli, lekin, uning kuchini oʻtin yorishga sarflamaslik kerak" deb aytmagan. Savol tugʻiladi, yozuvchi bu yerda nima demoqchi? Adabiyot yaʼni, soʻz zararli, atom bombasidan ham kuchli. Soʻzni bekorga sovurmaslik kerak deb taʼkidlaydi. Pedagogik faoliyatda pedagog soʻz orqali, oʻquvchilar ongini qanchalik chiroyli bilim, amaliy koʻnikmalar bilan bezasa, oʻquvchilarning saviyasi ijobiy taassurotlar bilan shuncha toʻladi. Biz pedagoglar oʻquvchilarimizga chiroyli taʼlim-tarbiya bersak, ertaga uning nav-nihollari goʻzal boʻlib unib chiqadi. Bunda soʻzning oʻrni juda katta ahamiyat kasb etadi. Agar pedagogik faoliyatda pedagog qo'pollikka yo'l qo'ysa, notiqlikni bilmasa, o'quvchilari bilan chiroyli munosabat o'rnatmasa, bu pedagogning juda katta xatosi bo'ladi. Shundan keyin, pedagog va o'quvchilar o'rtasida muloqot jarayoniga putur yetishi, turli xil konfliktlar kelib chiqishi kuzatilishi mumkin. Bunday hollarda, pedagog bosiq va mulohaza bilan ish ko'rishi, o'zining taktikasini ijobiy tomonga yo'naltirishi lozim. Maktabda har xil sinflar bor. Ularning har birida har xil xatakterga ega o'quvchilar tahsil oladi. Endi o'ylab qarasak, sinfda 30nafar o'quvchi bo'lsa, shu 30nafar o'quvchining 30xil xarakteriga mos so'zlarni topishi, pedagogik faoliyatda qo'llanadigan trening va metodlarni qo'llashi lozim. Masalan, ularning jipsligini, ijtimoiylashuvini ta'minlash maqsadida, "Tilaklar" metodi, "Qarorlar shajarasi" metodi, rejalar va maqsadlar dasturini ishlab chiqishlari uchun "Davrlar stoli" kabi metodlarni qo'llasak maqsadga muvofiq bo'ladi. Bular orqali o'quvchilarning bir -biriga bo'lgan munosabatlari ijobiy tarafga o'zgaradi, o'z oldiga qo'ygan maqsadlarini amalga oshirishda dasturi amal bo'lib xizmat qiladi. Shuningdek, muammoli vaziyatlarni bartaraf qilishda, hamda o'quvchining o'ziga bo'lgan ishonchini oshirishda yordam beradi.

O'qituvchi o'quvchi xato qilganda so'kib, sen yomonsan, quloqsiz bolasan deb emas, bolajonim sen aytayotgan fikr ham xato emas, agar, shu bildirgan fikrlaringga bu so'zlarni ham qo'shsak g'oyang yanada yaxshi va kreativ chiqadi kabi so'zlarni aytish o'quvchining ustoziga nisbatan mehr-muhabbatini, ishonchini oshiradi. Har qanday o'quvchiga xushmuomalali, chiroyli nutqda gapiradigan, hammaga namuna bo'la oladigan ustoz yoqadi. Bunday pedagoglarni o'quvchilar juda qattiq yaxshi ko'radi va doimo hurmat qilishadi. Ana ko'rdingizmi?! So'z nimalarga qodirligini. Har bir kasb egalari so'z va chiroyli muomala san'ati bilan juda katta muvaffaqiyatlarga erishadi. Pedagogik faoliyatda ham pedagog dars jarayonida so'zga qancha e'tibor bersa, uning darsi shuncha qiziqarli bo'lib boraveradi. O'quvchilar darsga qiziqadi, ustozlarini jon quloqlari bilan eshitadi va mavzuni ham yaxshi tushunishlariga ijobiy ta'sir qiladi. Xulosa o'rnida shuni aytish joizki, o'qituvchi doskada hamisha aktyor rolini o'ynashi talab etiladi. Uning pedagogik faoliyatda olib borayotgan ishlari tahsinga sazovor. O'quvchilar bilan jon kuydirib ishlashi, ularga motivatsiya ulashuvchi inson bo'lib ko'rinishi bu pedagogning ilk yutug'idir.

Ayollar hayotida karyera va oila birligi

Ko'pchilik o'zbek oilalarida ayol kishi oilasining tinchligini o'ylab o'z orzulari, maqsadlari va karyerasidan voz kechadi. Bunga asosiy sabab nimada? Erning ayoliga do'q urgani tufaylimi? Yo ayol kishi uyida oʻtirib, ovqat pishirishi, farzandlarni katta qilishi lozim degani uchunmi? Yoki qaynonaning qaynonaning eskicha qarashlariga andisha qilib, javob qaytara olmagani uchunmi? Nimaga axir?! Nima uchun?! Bu yana oʻsha oʻzbek oilalarida qizlarga beriladigan tarbiyaga borib taqaladi. Uni qilma, buni qil. "Elning ogʻziga elak tutib boʻlmaydi", har narsani gap deb gapiraverma. Odamlar nima deydi kabi gaplardan ayol va qizlar bezib ketishgan. Qachongacha jamiyatimiz xotin-qizlari mana shunday eskicha sarqitlar ostida ezilib yashashadi. Toʻgʻri bu yerda sarqitlar soʻzini keltirib oʻtdim. Siz bu yerda qadriyatlarimiz va mentalitetimizga qarshi chiqyapti deb ham oʻylarsiz, balki. Afsuski, men bu soʻzlarni toʻgʻri ma'noda aytayapman. "Jannat onalar oyogʻi ostida", "Muqaddas ayol" kabi iboralarni aytishni bilamiz-u, lekin ayollarning jamiyatdagi oʻrnini haligacha toʻliq anglolmadik azizlar! Men nima demoqchiman. Ayol xoh shifokor, xoh o'qituvchi, xoh tikuvchi bo'lsin, u o'z kasbining mohir ustasi va oilasidagi farzandlarining ham ko'nglini topuvchi, ularni tushinadigan, mehr- muhabbatli ona bo'lmog'i lozim. Ko'pchilik erkaklar savol berishadi. Ayol, qizlarga o'qish, karyera nimaga kerak? Undan ko'ra, uyning ishlarini qilsin, ota-onamni xizmatini ado qilsin, farzandlarimizning tarbiyasiga qarasin, shirin taomlar tayyorlab o'tirsin deydi. To'g'ri bu fikrni ham noto'g'ri deb bo'lmaydi. Lekin hozirgi zamon 90% erkaklarning miyyasida, bo'lajak turmush o'rtoqlariga nisbatan shu tushunchalar qotib, o'rnashib qolgan. Nimaga endi men ayol oila bilan karyerani teng olib borishi kerak deyapman. Chunki ayol shaxsiy rivojlanmas ekan, uning farzandlari ham kreativ fikrlamaydi, ayol o'ziga nisbatan somatsenkani oshirmas ekan, farzandlarida o'ziga bo'lgan ishonch sust bo'ladi. Ayol tinmasdan ilm olar ekan, farzand undan ko'radi, his qiladi, o'rganadi va unga amal qiladi. Nimaga deganda onasi bilmagan narsalarni amaliyotda ko'ryaptida. Avvalo, hurmatli ayollar karyera tushunchasini turmush o'rtoqlariga nima uchun oilada kerak ekanligini to'g'ri tushuntira bilishi kerak. Aynan, karyera faqat ayollarga emas, balki, erkaklarga ham zarur. Inson qanchalik darajada rivojlanar ekan, uning fikrlash qobiliyati ham o'sib-rivojlanib boradi. U bir joyda qotib qolmaydi. Ko'pchilik erkaklar, birinchi aytganizda, qabul qilishi biroz qiyin bo'lishi mumkin. Bu tabiiy holatdir. Ya'ni, asta-sekinlik bilan borish lozim bo'ladi. Uyda o'tirib-chaqa, qozon-tovoq bilan qolib ketgan ayolni, tikuvchilik fabrikasi ochib, rahbar ayol bilan farqi yer bilan osmoncha. Ba'zilar o'ylaydi, rahbar, karyeraga ega ayollar ish faoliyatlari bilan bo'lib, oilasiga deyarli, vaqt ajratmaydi degan hayollarga borishadi. Yo'q, siz, bularni o'z qarichingiz bilan o'lchamang. Agar inson xohlasa, oyga yetadi deganlaridek, ayol istasa, harakat qilsa hammasini uddalaydi. Ya'ni bu bilan nima demoqchiman. Inson qilgan ishlaridan afsuslanmasligi va hech qachon vaziyatni aybdor qilmasligi lozim. Hamma narsa o'zingizga bog'liq. Ey ayollar, siz xohlamadangiz, istamasangiz, harakat qilmasangiz siz uchun hech kim harakat qilmaydi. Qachongacha uy ishlaridan charchab turgan paytingizda, nima ish qilding sen o'zi uyda o'tirib degan so'zlarni turmush o'rtog'ingizdan eshitmoqchisiz. O'rningizdan turing va harakatni boshlang. Sizni kimdan kam joyingiz bor. Nimaga bu qiz chiqib olib, karyera va oila bir olib borilishi kerak deb, qulog'imizga tinmay shang'illayapti deb ham asabingiz chiqqandir. Axir, ayol ilmli bo'lmasa, o'qimasa, rivojlanmasa, farzand qanday kamolga yetadi. Uqmagan, ilmsiz onalardan jamiyatimizda qanday zurriyotlar dubyoga kelishini tasavvur qilayapsizmi? Bu juda ham achinarli holat. Men shunday insonlarni bilamanki, ular hayotda oila va karyerani birgalikda olib borishmoqda. Ularga havas qilsa arziydi. Bular meni ustozlarim: Shahrizoda Qo'ziyeva, Diyora Safayeva, Shohida Yusupova, Marjona Jo'raqulova bo'ladilar. Masalan, Shahrizoda ustozim hamisha, oilasiga alohida vaqt ajratadilar, oila a'zolari bilan chiroyli muomalada bo'ladilar. Karyerada ham juda katta muvaffaqiyatlarga erishganlar. 2022-yil "Navoiy davlat stipendiya"si, 2023-yil "Islom Karimov davlat stependiya"lari sohibasiga aylandilar. Ko'rsangiz, shunaqanggi havas qildim. Havas qilganimdan ular tashkil qilgan "Muvaffaqiyat formulasi" kurslariga ham yozilib oldim. Mana shu kurslarida esa menga aynan mana shu publitsistik maqolalar yozishni o'rgatdilar. Va men buni yozayapman. Judayam-judayam xursandman, Allohimga hamd-u sanolar bo'lsin. Bu so'zlarni ichimga sig'may yozayapman.

Chiroq o'chganda ilhom qayerdan kelar ekan deng? Qalbdan, yurakdan kelarkan. Ustozimning kurslariga yozilganimga hech ham afsuslanmadim. Chunki, angladimki, men rivojlanish va karyera sari ilk qadamni qo'ydim. Xulosa qilib aytadigan bo'lsak, ayollar o'z karyerasiga, mustaqil fikriga, keng dunyoqarashga ega bo'lmas ekanlar, jamiyatimiz inqirozga yuz tutishi aniq bo'lib qoladi.

Ustozim

Dunyo kasblari ichida eng sharafli, ma'suliyatli va mashaqqatlisi bu - o'qituvchilikdir. Kelinglar, boshlang'ich sinf ustozlarimizni olaylik. Ko'chada tuproq, loylarni o'ynab, chang- to'zonga bulg'anib yurgan bolalarni kichkinaligidan boshlab shunday iqtidorli o'quvchilar qilib tarbiyalaydiki, sabriga, matonatiga qoyil qolmaslikning iloji yo'q. Xuddi shunday mehridaryo, ko'zlaridan hamisha nur yog'ilib turuvchi otash qalbli ustozim bor edi mening. Ismlari ham jismiga monand Sanamjon. Ular bizga 4yil mobaynida ta'lim- tarbiya bergan bo'lsalar, bizni biror marta ko'nglimizni og'ritadigan so'z aytmaganlar. Hamisha o'g'lim, jonim bolam, qizim deb murojaat qilardilar bizga. Men boshlang'ich sinflarda juda kamgap qiz edim. Sinfdoshlarimdan ko'p narsalarda orqada qolardim. Ustozim esa menga mehr to'la ko'zlari bilan boqib, ha meni Madina qizim nimalar qilyapti ekan?! deb turib asta qo'llarimdan tutardilar. Haligacha, hech o'ylab, o'yimga yetolmayman. Buncha matonat qaydan, ustoz? Toshni ham ursa bir kuni sinadi. Mehr qalqoning bunchalar kuchli-a? ustoz. 1-sinfga kelgan, hali o'qish nimaligini bilmaydigan o'yinqaroq bolaga sehrli quchoqlaringni ochib kutib olasan, ustoz. Ularga sanashni o'rgatasan, harflarni tanitasan, so'zlarni qo'shib aytib, gaplar tuzishni o'rgatishga harakat qilasan. Shu jajjigina yurak egalarini komil inson darajasiga yetkazasan. Kun bo'yi ta'lim muassasasida ilm o'rgatib, o'z farzandlaringga vaqt ham ajrata olmaysan. Seni asosiy oilang mana shu 25-30nafar o'quvchi, bolajonlaring bo'lib qoladi. Qaysidir bir o'quvching istmalab qolsa, joningni hovuchlab har tarafga yugurasan, ahvolini yaxshilash usullarini axtarasan. Bu vaqtda o'zingni ham unitasan. Chunki, o'quvchilaring bolangdek bo'lib qolgan-da. Bolangning bir joni og'risa sening ming joning og'ridi. Katta sinfga o'tganda bolalaringni qo'msaysan, sog'inasan, hatto, tushlaringga kirib chiqadi. Ular bilan o'tkazgan shirin xotiralaringni eslaysan. Nihoyat, ular maktabni bitkazganlarida ular, seni ko'rishadi va o'yga tolishadi: "Mening ilk ustozimning sochlariga oq oralabdi, yuzlariga ajin tushibdi, ajin tushibdi, lekin o'sha paytlardagi mehr-muhabbatlarining cheksizligi hozirgidek yodimda" deb quvonib ketishadi. Ko'rdingmi? O'quvchilaringning qalbiga qanday yo'l topgansan. Ularni hech urmagansan, qalbiga mehr deb atalgan ishonch urug'larini qadagansan. Ulardan umid nihollari unib chiqdi. Hozir esa, ayni damda, mevalaridan bahramand bo'lish arafasidasan. Xalqimiz bejizga, "Ustoz otangday ulug'" deb ta'kidlab aytmagan. Ota farzandlarini har tomonlama ta'minlasa, tarbiya bersa, ustoz esa, ularning ma'naviy otasi bo'lib, shogirdlarini, o'quvchilarini jamiyat rivojiga hissa qo'shuvchi yetuk komil inson darajasiga ko'taradi. Aslida, insonga har bir sohada ustoz kerak. "Ustozsiz shogird- har maqomga yo'rg'alar " deganidek, ustozi bo'lmagan kishi ko'r insonning hassasini yo'qotganidek gap. Ustozlar bizga sirius yulduzi kabi yo'l ko'rsatadi, qushlar kabi ulkan parvozlar tilaydi, ilm cho'qqilarini zabt etishga chorlaydi. O'sha ajoyib xotiralarga boy kunlarim, hali-hanuz esimdan chiqmaydi. Boshlang'ich sinf ustozim menga mehr bergan bo'lsa, 5-sinfga qadam qo'yganimda ona tili fani o'qituvchisi Nazira ustozim iste'dod qirralarimni ochib berganlar. Kunlardan bir kun darsda o'tiribman. Ustoz bilan juda yaqin edik. Lekin haddimdan oshib ranjitadigan so'z aytib qo'ydim. O'shanda ustozim, turing, chiqing boshqa qaytib kelmang so'zlarini aytgandi. Bu jahl ustida aytilgan so'z chaqmoqdek chaqnab, qulog'imni shang'illatib qo'ygandi. Juda qo'rqqandim, qalbimda shunchalik darajada olov yongandiki, 3yoki 4soniya umidsizlik jarligiga qulagandim. Chunki, ustozni ranjitgan insonlar hech narsaga erisha olmasligini bilardim. Va bu o'ylar bir lahzada hayotimni xuddi, shu tuyg'ular iskanjasiga tashlashga majbur etgandi. Ustozlarimning bunday so'zlariga ilgari unchalik e'tibor bermagandim. Lekin bu juda katta iz qoldirdi qalbimda. Va har safar haddimni eslatib turadi. Ustozim meni bu qilgan aybimni kechirdilar. Biz ham yoshligimizda bunday xato qilganmiz dedilar.

Kimnidir qalbini vayrona qilish bilan biz Allohning jazosiga ham duch kelamiz deb o'ylayman. Alloh o'zi asrasin. Qalblarni quyoshdek porlashga sababchi bo'ladiganlardan bo'laylik, vayron etuvchilardan emas. Mening hayotimda yangi sahifa ochgan Diyora ustozim edilar. Ular menga nafaqat ilm sirlarini o'rgatardilar, balki ruhiy, psixologik jihatdan qo'llab-quvvatlab ham turardilar. Ustozim yosh bo'lishlariga qaramay juda ko'p yutuqlarga erishganlar. Institutimizda ustozimizni hamma hurmat qiladi. Men ham ustozim kabi shijoatli bo'lishga harakat qilaman va ularning ishonchini oqlayman, "Navoiy davlat stependiya"si sovrindori bo'laman. Xulosa qilib aytganda, ustozlarimiz bizga yangicha qarash, yangicha fikrlash, ilm yo'llarida kashfiyotlar, ixtirolar qilish sirlaridan voqif qiladilar. Ularning, mehr buloqlarining chek-chegarasi yo'q.

Urganch davlat pedagogika instituti Pedagogika fakulteti Maktabgacha ta'lim yo'nalishi talabasi Baxtiyorova Fotima Akbarjon qizi.

O'zbekiston

Mening go'zal yurtim bor
O'zbekiston atalmish
Bayrog'ida o'n ikki
Yulduz va oy bitilmish

Madhiyasi serquyosh
O'lka bo'lib bitilgan
Gerbida humo qushi
Qanot yozib kerilgan

Oʻzbekiston bayrogʻi

Oʻzbekiston bayrogʻi
Hilpiraydi peshtoqda.
Oʻn ikki yuldiz bilan,
Oy koʻrinar oʻng yoqda.

Tinchligimizga timsol,
Hovorangdir birinchi.
Bokira qalbga misol,
Oq boʻlibdi ikkinch.
Tiriklikni aks etar,
Yashil ekan uchinchi.
Tomirlarda joʻsh urar,
Qizil belbogʻ toʻrtinchi.

Oʻn ikkita yuldizlar,
Viloyatlar ramizidir.
Ular tarixdan soʻzlar,
Ulugʻbekning soʻzidir.

Mustaqillikdan nishon,
Yarim oyim porlaydi.
O'zbeklarni har bir on,
Baxt- iqbolga chorlaydi.

Xotira

Xotira muqaddas, xotira abad,
Yashamoq joizdir, inson xotirlab.
Bir umur eslaymiz ulug' insonni,
Birinchi prezident bobokalonni.

Urganch davlat pedagogika instituti Filologiya va tarix fakulteti O'zbek tili va adabiyoti yo'nalishi 221-guruh talabasi Bobojonova Sevinchoy 2004-yil 14-yanvarda Xorazm viloyati Xiva tumanida tug'ilgan.

„Kecha va Kunduz" asaridagi Zebi timsoliga bag'ishlangan she'r.

Qalbing uchquni sachrab har yona
Yondirding quyoshday tovlanib sekin
Vujuding titrardi doim giryona,
Sendagi iffatni sotishdi tekin.

Bahorning ifori kelardi sendan,
Kichkina jussangda yonadi olov
Qalashdi o'tinday anglamay seni
O'lja bo'lding nahot qilishganda ov.

Sening qalbing egallagan itoat,
Hech kimsada yo'q bunday matonat
Otangning so'zidir qilichday o'tkir
Ammo unda yo'q erur diyonat.

Qizini alishmoq boylikka uchib
Bu ne erur ahr shumi oqibat,
Ona ho'rlangandir eridan kuyib
Ojizlik qiladi qizda shijoat.
Ezilgan gul misol ho'rlashdi seni,

Kundoshlik azobi, yondirdi seni,
Nahot, hech kimsa anglamas
Sen ham sevardingku, sevganday seni.

Umr zavol bo'ldi, kuydi barchasi,
Yelkangga yoshlik qonmadi bir bor
Tirik murda misol muzladi tanang,
Qalbingni ko'mishdi, qilishdi-ku hor.

Onang sen uchun kuyardi ammo,
Otangning zulmidan hayot yo'q edi,
Darlaring to'plashsa qilishsalar jam,
Daryoni to'ldirgan, go'yo suv ham kam.

Sof sevging qoldi eski maktubda,
Otang ori uchun undan ham kechding
Ezgulik jo'sh urar ko'ngling tubida
Otangni deb o'zgasiga yor ketding.

Aka esingizdami...?

Ha, o'sha barchamiz yig'ilgan kun,
Hamma shodon edi go'yoki butun,
Bugunchi, ruhlar yaqin tana yiroqda
Bir yilda bir yig'ilamiz, ko'ngil firoqda.

Nahot shu zaylda kechsa umrimiz
Nahot allaqachon bo'ldik begona
Alla aytgan o'sha shirin so'zingiz,
Hali –hanuz qulog'imda parvona.

Ishoning, men bugun qo'msadim juda
Fursat g'animat ekan, angladim buni,
Biz tinglagan qo'shiqlar qoldi yoshlikda
Ovozi kelar go'yo o'sha eski radioni.

Hamon yodimdadir o'sha yoshligim
Ulashilgan sovg'alar, baxtli kechalar,
Aka deya oldingizga chopqillab chiqib

To'yib-to'yib yuzingizdan o'pishlar.

Bugun qo'lga qalam oldim yoshlikni eslab
Garchi masofalar bo'lsa ham yiroq,
Xotiralar ezar mungli qalbimni,
Ba'zilarin yozolmayman qo'limda titroq.

Baxt neda deb so'rasalar gar mendan
Baralla aytaman boshlab akamdan,
Siz sabab uchyapman cho'qqilar tomon
Hammasi uchun rahmat sizga akajon!

Urganch davlat pedagogika instituti Filologiya va tarix fakulteti O'zbek tili va adabiyot yo'nalishi 222-guruh talabasi Xojiyeva Kumushoy.

Qani bolalikka qaytib qolsaydim

Qani bolalikka qaytib qolsaydim

Araz qilmas edim, ota- onamdan

Menga buni olib bermadingiz deya

Yig'lab yurmay sekin ,tushunar edim.

Qani bolalikka qaytib qolsaydim

Onamni bag'ridan chiqmasdim sira

Boshimni ko'ksiga tekkizib turib

Quchoqlab hech qo'yib yubormas edim

Qani bolalikka qaytib qolsaydim
Otamni tizzasiga boshimni qo'yib
She'r u qo'shiqlarni aytib berardim
Olmasdim hech sira bu boshlarimni.

Qani bolalikka qaytib qolsaydim
Dugonamlar bilan o'ynardim yana
Voleybol u futbollar veliklar uchib
Ko'chani chang'itib yurardim yana

Qani bolalikka qaytib qolsaydim
Qo'g'irchoqlarimni asrab qo'yardim
Hozirgiday butun boshim bo'lganda
Ulg'ayishni sira orzu qilmasdim

Bolalik chog'larim ,go'dak damlarim
Yoshlikdagi bir qancha o'yin kulgular
Eslasam ,o'ylasam o'sha vaqtlarni
Keladi darhol ko'zga yoshlarim.

Shukur qiling

Shukur qiling yegani noningiz bo'lsa
Ichgani bir kosa suvingiz bo'lsa
Omonat dunyoda joningiz bo'lsa
Shukur qiling do'stim , tavbada bo'ling

Yirtiq -yomoq kiyim kiymasangiz,
O'zgalardan zarra kam bo'lmasangiz
Matolarni deya ,uchmangiz zinhor
Shukur qiling do'stim ,tavbada bo'ling

Otangiz onangiz boshingizdadir
Dard kelsin kelmasin qoshingizdadir
Oilangiz hamisha yoningizdadir
Shukur qiling do'stim, tavbada bo'ling

Gunohlar kechirilishin so'rang allohdan
Sog'liq salomatlik tilang allohdan
Alhamdilulloh deya quvonib yashang
Shukur qiling do'stim ,tavbada bo'ling.

Yaqin bo'lsin uzoqmi insonlarga
Hamisha har damda mehribon bo'ling
Qo'linggizni uzating ,yetgan joyiga,
Vaqtida shukurli bo'ling ey do'stim.
Vaqtida tavbani qiling ey do'stim.

Oxirat yaqin do'stim

Bola ota bn teng gap aytishsa
Ko'ziga tik boqib men haqman desa
Otani ko'ngliga hiralik tushsa
Bu oxirat belgisi emasmi do'stim

Qiz onani bag'rin tilganda
Aytganini hech qilmaganda
Ona qalbi ozor chekanda
Oxirat belgisi emasmi

Nomoz o'qiyabman deydi har banda
Allohim gunohlarim kechir deganda
Yana bir kundan keyin yodidan chiqsa
Bu oxirat belgisi emasmi do'stim

Odam eshak go'shtin yeganda ,
Ey, mol go'shti harom deganda ,
Menga nima , qornm och desa
Oxirat belgisi emasmi do'stim.

Quriqlikga suvlar kelganda
Jazirama issiq bo'lganda
Hamma ochiq sochiq kiyganda
Bu oxirat belgisi emasmi do'stim

Tilimiz bormaydi shahodatlarga
Dilimiz qo'ymaydi, ba'zi zotlarga
Shayton aytgandan tonmaymiz
Oxirat belgisi emasmi do'stim

Qariyalar uyi to'ldi qariga
Ota- ona kabi amma xolaga
Mehr qayda qoldi, oqibat qani
Aytgin oxirat yaqin emasmi do'stim.

Oxirat deymiz u og'iz to'ldirib
Yaxshilik qilmaymiz nahot kuldirib
G'azabda yuramiz har doim har on
Bu oxirat belgisi unutma ishon

Jo'shibberganova Mohichehra Sirojiddin qizi
2005-yil Xorazm viloyati Qo'shkopir tumanida

tug'ilgan. Xozirda Urdpi o'zbek tili va adabiyoti 3-kurs talabasi.

Falakka qarab,oqshom chog'ida
"Ya robbiy" deya iltijo qildim
Ushbu so'zimning to'rtinchisida
Allohdan dod solib tavba qildim

Go'zal hayot baxsh etgan zotga
Nahotki biz inson inonmasdan qo'ydik
Ilm-fan juda yuksalibdi chog'i
Yaratdik, yaratganni unutib qo'ydik.

Zamon talabi deymiz, yuksalamiz
Zo'rdan zo'r bo'lishni tusar ko'nglimiz
Million dollorlar tursa qo'llarimizda
Nahot kalimani unutsa tilimiz

Namoz, zakot unut bo'ldimi endi
To'qlikka sho'xlik qilurmiz hamon
Bir burda nonga zorlar turganda

Zamona qursina, azroil zamon.

Yashash qiyin deymiz, toʻq holga yashab
Nechuk qiziqtirmas paygʻambar hayoti
Hech narsa yegani yoʻq kunlar oʻtgan
Bilsak shirin tuyular borliqning toti

Insonga nima boʻlyapti judaham qiziq
Yaqining yoningda pichoq oʻynatsa
Doʻst niqobin taqib olgan kishing
Jarga qattiqroq qulashing kutsa.

Qanaqa hayot boʻldi, yurak hayron
Jimgina aqlning ''oʻlishin'' kutsak
Telefon hal qilar inson taqdirin hatto
Bola qoʻlidan olib, ''kitob tutqazsak''

Iymonni sotib olib boʻlsaydi
Borimni berib yuborar edim

Ozgina mehr qolsaydi
Bemehrlaga ulashar edim

Bobonazarova Gulzoda Alisher qizi 2002-yi 15-iyunda Xorazm viloyati Gurlan tumanida tug'ilgan. Urganch davlat universiteti O'zbek filologiyasi fakulteti 3-bosqich talabasi.

Ilm sari

Bugun biz yo'lga chiqdik,
Ilm deb atalmish ulkan maskanga.
Unda bizga hamroh turli kitoblar,
Turli qahramonlar, turli insonlar.

Ilm asli nima anglay boshladik,
Qodiriy yaratgan roman orqali,
Bildik ilm qandayin, yuksak ekanin,
O'sha mashhur O'tkan kunlar orqali.

Hamma narsa oʻtkinchi, abadiy emas,
Xohlagan paytida tashlab ketadi,
Lek senda bor bittagina sodiq hamrohing,
U ham boʻlsa ilm mangu hamrohing.

Shundayin goʻzal bir maskan bor bilsang,
U yerda topasan huzur-halovat,
U yerda boʻlmaydi hevh urush-janjal,
U yerda boʻladi faqat sen-la kitob.

Zarifova Gulshoda Erkinboy qizi 2005- yil 15- oktabrda Xorazm viloyati Qoʻshkoʻpir tumanida tugʻilgan. Hozirda Urganch davlat pedagogika institutining davlat granti talablaridan biri. 2023-yil Turkiyaning ''Baygenç'' nashriyoti tomonidan tashkillashtirilgan xalqaro antologiya ishtirokchisi'

Otam

Kulib yashang shod, xurram shu dam,
Gʻamlarsiz aslida goʻzal bu olam

Gar siz kulib, men yig'lasam ham
Dardingizga darmon bo'layin ota.

Biz uchun shamolday yelib-yugurib,
Kunduzmi, kechami mehnatlar qilib,
Yashang endi farzandlar rohatin ko'rib,
Yoningizda qalqon bo'layin ota.

Oilamizning boshisiz, g'ururim otam
Qalbimning durisiz masrurim otam
Ishongan tog'imsiz mag'rurim otam
Sizsiz menga tor , bu yorug' olam.

Ota, bu azob-la yashamoq mushkul,
Lekin sizdadir bari bardoshlar butkul,
O'n besh kun yorug'dir, o'n beshi zulmat,
Hayot sinovlarga yengilmang faqat..

Bilaman, hastaliklar yengasiz bir kun
Alamli zardoblar ketar yiroqlab,

Tugamas quvonchlar bo'lar bir butun
Baxt sizni har kuni kelar so'roqlab.

Hayot

Goh yuraman sho'xliklar qilib
Hech sababsiz osmoncha shodon.
Goh qayg'ular qasriga kirib
Yo'l topolmay bo'laman sarson.

Orzular og'ushida baxtlarda sarmast,
Kezaman quvonchla butun dunyoni.
Lek hayot tashvishlari bo'lib hamnafas
Menga yo'ldosh umrning tugun armoni.

Bazida tubsiz jarlarga tushib
Asta qidiraman umid narvonin,
Mehr uchqunlari darhol ko'tarib
Hadya etar menga hayot karvonin.

Urganch davlat pedagogika instituti
Filologiya yo'nalishi talabasi
Yarashova Hayotxon

Onamdir dunyoda eng holis ko'zgu
Qolgani yolg'onlar,shirin aldamlar
Ularning Maqsadi hamiwa ezgu:
"Kelajakka tawlagin buyuk qadamlar."

Olim bolmasang ham mayli ból odam
Odamgarchilikdir asli olimlik
Senga bu nasihat emas jon bolam:
"Foniy bu dunyoda kópdir xoyinlik" .

Iwonib qolmagin yolg'on so'zlarga
Yolğonni sozlagan yolg'on kozlarga.
Aldanib qolmagin ikki yuzlarga
Ğofil insonlarga tóla dunyo bu

Tiyolmasang tilingni, ko'zingni magar
Tiyolmasang nafsingni beling bólur ham
Onangning sóziga quloq tut bolam.
Nafsni tepgil,nafsni tepgil jon bolam.

www.ingramcontent.com/pod-product-compliance
Lightning Source LLC
LaVergne TN
LVHW010434070526
838199LV00066B/6021